D1996218

für Sigrid

von Moni

WOHLFÜHLMOMENTE

für dich

GROH

MOMENTE
der Ruhe

und Entspannung sind viel zu selten.
Ich wünsche dir, dass du dir in deinem Alltag
immer wieder Wohlfühlmomente schaffst.
Gerade dann, wenn du stark eingebunden bist und
es für dich viel zu tun gibt.

Schenke dir selbst jeden Tag

die schönsten Momente
und bade Körper, Seele und Geist
in innerer Harmonie.

Sarah Bernhardt

Spannung lösen, entspannen.
Das ist nicht Stillstand,
sondern Bewegung nach innen.

Celeste Marin

Der Himmel

kann immer dann dein Herz berühren,
wenn du das Leben entspannt genießt.

Katja Heimberg

Dass du gern allein bist
und deine Zeit gut auszufüllen weißt.
Dass du es genießt, mit deinen Lieben
zusammen zu sein und sie an
deinem Leben teilhaben zu lassen –

das wünsche ich dir.

Gastfreundschaft
besteht aus ein wenig Wärme,
ein wenig Nahrung und
großer Ruhe.

Ralph Waldo Emerson

Ich habe

nie eine Gesellschaft gefunden,
die so gesellig war, wie die Einsamkeit.

Henry David Thoreau

Man muss beides verbinden und miteinander
abwechseln lassen, Einsamkeit und Geselligkeit.
Die eine weckt in uns die Sehnsucht nach Menschen,
die andere die Sehnsucht nach uns selbst.

Seneca

Ich wünsche dir, dass du Zeit findest,
dich ab und zu zurückzuziehen und zur Ruhe zu kommen:
um deine Gedanken zu ordnen, um dich
mit schönen Dingen zu beschäftigen. Oder einfach nur,
um die angenehmen Seiten des Lebens
voll auszukosten.

In der Stille

der Natur ist es gut möglich,
ungestört eine Zwiesprache mit dem
eigenen Herzen zu halten.

Yvonne Mölleken

Der Sinn der Ruhe ist:
erfüllt sein von allem.

Friedrich Kayssler

Wer Zeit zur Stille findet,
stärkt seine Fähigkeit,
seine Ruhe nicht zu verlieren.

Ernst Ferstl

Unser Leben
bedarf kleiner Pausen,
um Glück zu tanken.

Angelika Emmert

Du bist einzigartig!
Und das ist ganz wunderbar so.
Dass du dir dessen bewusst bist und
dich so wohl fühlst, wie du bist,

das wünsche ich dir.

Wer einmal sich selbst gefunden hat,
kann nichts auf dieser Welt mehr verlieren.

Stefan Zweig

Innere Harmonie

ist eine Quelle,
aus der wir für uns und andere
Kraft schöpfen.

Marielle Schumann

Sei,

der du bist, nicht mehr,
nicht weniger,
aber der sei.

Peter Altenberg

Ich wünsche dir,
dass sich bei dir alles die Waage hält:
das, was du dir wünschst, und das, was du hast.
Das, was bereits vergangen ist
und das, was noch in der Zukunft liegen mag.
Deine Erinnerungen und deine Träume.
Ich wünsche dir, dass du mit dir selbst
im Einklang bist.

Nichts ist entspannender,
als das anzunehmen,
was kommt.

Dalai Lama

Wer so lebt,
dass er mit Vergnügen auf sein
vergangenes Leben zurückblicken kann,
lebt zweimal.

Martial

Wenn du

glücklich bist, fangen deine Träume
in den schönsten Farben an zu leuchten.

Paul Hufnagel

Ich wünsche dir Momente
voller Harmonie und Entspannung,
die dir Kraft und Ausgeglichenheit schenken.
Viele wunderbare

WOHLFÜHLMOMENTE
für dich!

Einatmen. Ausatmen. Weiteratmen.

Noch mehr Entspannungstipps finden Sie auf:

www.groh.de

facebook.com/grohverlag

MIX
Papier aus verantwortungsvollen Quellen
FSC® C023419
FSC
www.fsc.org

Die nachhaltige Waldbewirtschaftung und die verantwortungsvolle Gewinnung des Rohstoffs Papier ist uns ein Anliegen. Daher werden alle Buch- und Kalender-Neuheiten auf FSC®-zertifiziertem Papier gedruckt.

ENTSPANNUNG 1000 DANK

KRAFT ATEMPAUSEN

KLEINE WUNDER

Einen guten Tag RUHE SCHENKEN

In der Hektik des Alltags nehmen wir uns viel zu wenig Zeit für kleine Pausen. Dabei genügt oft schon ein kleiner Moment um zu neuer Gelassenheit zu finden. Atmen Sie durch, kommen Sie zur Ruhe. Und schon werden selbst der stressigste Tag und das größte Ärgernis zur Nebensache. Wir bei GROH schenken Ihnen mit diesem Buch eine kleine Auszeit für die Seele – Sie haben sie verdient.

Joachim Groh

Dieses Buch entstand in enger Zusammenarbeit mit meiner Kollegin Cornelia Schmidt. Wir haben Ideen gesammelt, Gedanken sortiert, Zitate sorgfältig ausgewählt, Texte verfasst und daran geschliffen. Wir haben nach schönen und passenden Bildern gesucht und mit unseren Grafikern die Gestaltung entwickelt und daran gefeilt, Schriften und Farben abgestimmt und nicht lockergelassen, bis sich alle Elemente zu unserer Zufriedenheit ineinander gefügt haben. Wir haben uns über jedes Puzzlestück gefreut, das seinen Platz im großen Ganzen gefunden hat – und hier ist es nun: ein Geschenk, das von Herzen kommt.

Vielen Dank an alle Beteiligten!

Paulina Palomino

Idee und Konzept:
GROH Verlag.

Textnachweis:
Wir danken allen Autoren bzw. deren Erben, die uns freundlicherweise die Erlaubnis zum Abdruck von Texten erteilt haben.

Bildnachweis:
Titel/Rückseite: Sue Kennedy/Eye Ubiquitous/Corbis; S. 2: Tetsuya Tanooka/Aflo/Getty Images; S. 5: vi mart/Shutterstock; S. 7: Radius Images/Corbis; S. 8: Aflo/Corbis; S. 11: Klaus Tiedge/Corbis; S. 12: Anna Schneider/Sodapix/Corbis; S. 14/15: Sven Zacek/Nature Picture Library/Corbis; S. 17: Stefan Holm/iStock/Thinkstock; S. 19: Clive Nichols/Corbis; S. 20: TERADAT SANTIVIVUT/Getty Images; S. 22: Image Source/Corbis; S. 25: Erhard Nerger/imagebroker/Corbis; S. 27: Georgianna Lane/Garden Photo World/Corbis; S. 29: Radius Images/Corbis; S. 31: moodboard/Corbis; S. 32: Tetsuya Tanooka/Corbis; S. 34/35: MarioGuti/iStock/Thinkstock; S. 36: Achim Sass/Westend61/Corbis; S. 38: Twenty20/Twenty20/Corbis; S. 41: JuliaLototskaya/iStock/Thinkstock; S. 42/43: Scott Smith/Corbis; S. 45: BLOOM image/Getty Images.

Layout: ki36 Editorial Design, Bettina Stickel

Satz: COMTECH Patric Jardin

ISBN 978-3-8485-1350-5

157002-4253-01